AF509784

ISABELLE D'ANGOULÊME,

COMTESSE-REINE.

Nous réimprimons ici, avec quelques
augmentations, un travail qui a déjà été
inséré dans la *Revue Anglo-Française*, pu-
bliée à Poitiers, sous la direction de M. de
La Fontenelle de Vaudoré (*tom.* 2, *p.* 260
et suiv., 1834).

Nous avons pensé que les lecteurs, curieux des choses passées, verraient peutêtre avec plaisir, réuni pour la première fois[1], sous un même coup-d'œil et en quelques pages, ce que les Chartres et les Chroniques nous ont conservé de plus certain sur la vie agitée d'Isabelle, de cette orgueilleuse Comtesse--Reine, dont le caractère altier semble être sans rival dans les fastes du moyen-âge.

Nous lui supprimons son nom de famille, *Isabelle de Taillefer,* pour lui donner celui de sa patrie et de son comté, *Isabelle d'Angoulême,* sous lequel cette princesse nous a paru être connue d'un plus grand nombre d'historiens.

E. C.

---

[1] On a publié cependant, en 1830, sous le nom de Mme de Saint-Surin, une petite Nouvelle intitulée *Isabelle de Taillefer, Comtesse d'Angoulême.* (*Paris, L. Janet, in-*18); mais la vérité historique y fait souvent place au roman.

ISABELLE D'ANGOULÊME,

COMTESSE - REINE.

Aymar ou Adémar, de l'illustre maison des Taillefer [1], et quatorzième comte héréditaire de l'Angoumois, se reposait des fatigues militaires qu'il avait éprouvées, conjointement avec Geoffroy de Rancon, seigneur de Taillebourg, dans la guerre qu'ils venaient de soutenir contre les Anglais. Il avait épousé [2], depuis peu, Alix de Courtenay, fille de Pierre Ier de Courtenay, septième et dernier

---

[1] Guillaume Ier, comte d'Angoulême en 916, fils d'Alduin et petit-fils de Wlgrin, fut surnommé Taillefer (*Sector-Ferri*) pour avoir, dans une bataille contre les Normands, fendu d'un coup d'épée leur chef Storis ou Stonius, malgré la cuirasse dont il était couvert : sa postérité a conservé ce surnom.

[2] Feu M. Desbrandes (*Hist. manusc. d'Angoumois*, 2 *vol. in-4°*, 1816) prétend qu'Aymar avait d'abord épousé Sancie, dont il ignore la famille : mais la chartre du cartulaire de Saint-Cybard, sur laquelle il se fonde, ne peut, selon nous, s'attribuer qu'à Aymar, comte de Poitiers, fils d'Émenon, lequel Aymar, mort en 926 ou 930, avait eu pour femme Sancie, fille de Guillaume Ier, comte de Périgord. Ce Guillaume était fils de Wlgrin, comte d'Angoulême et de Périgord ; et c'est probablement de cette branche des Taillefer qu'est descendu feu M. Wlgrin de Taillefer, auteur des *Antiquités de Vésone*.

fils du roi Louis-le-Gros : cette dame, mariée d'abord à Guillaume 1ᵉʳ, comte de Joigny, en avait été séparée pour cause de parenté. Ce fut du second mariage de cette princesse avec Aymar de Taillefer, que naquit à Angoulême, vers l'an 1186, *Elisabeth*, ou *Isabeau*, ou *Isabelle*, qui s'est rendue si célèbre dans l'histoire, sous le nom de *Comtesse-Reine*, et dont nous allons essayer de raconter la vie.

Il paraît qu'on la confia, dès son enfance, à Hugues de Lusignan, comte de la Marche, pour la faire élever dans son château, jusqu'à ce qu'elle fût parvenue à l'âge nubile. D'autres disent même, d'après Roger de Hoveden, qu'il l'avait déjà épousée en secret, par l'entremise de Richard-Cœur-de-Lion. Toutefois, à peine eut-elle atteint sa quatorzième année, que réunissant à la beauté du corps les grâces de l'esprit, elle devint l'objet des recherches des plus grands seigneurs du pays. Voyant cela, et ne voulant pas que la jeune héritière de l'Angoumois lui échappât, Hugues mit tout en œuvre pour hâter la célébration de son mariage.

La plus grande magnificence est déployée dans les préparatifs. Déjà le comte Aymar a réuni, dans le Palais des Taillefer [1], tous les seigneurs de son comté ; et déjà le noble fiancé a conduit avec lui, dans la ville d'Angoulême, tous ses parens et alliés du Poitou. On n'attend, pour commencer la cérémonie, qu'un seul personnage ; et ce personnage, c'est le roi anglais, Jean-sans-Terre, qui vient de succéder à son frère Richard, au préjudice du jeune Arthur ; Jean-sans-Terre qui, roulant de noirs projets, vient de répudier Hadwisa l'héritière du comté de

---

[1] Ce palais construit par Guillaume II, au commencement du XIᵐᵉ siècle, est connu aujourd'hui sous le nom de *Maison de Taillefer :* on en voit encore quelques restes sans importance, dans la rue de ce nom, vis-à-vis l'église Saint-André, à Angoulême.

Glocester; et qui, depuis quelque temps, se tient à Bordeaux, comme le tigre dans son repaire, le nez au vent et les griffes allongées, tout prêt à se jeter sur sa proie [1].

Il arrive, suivi d'un grand nombre d'hommes armés. Les seigneurs le reçoivent avec tous les honneurs dus à son rang : le comte Aymar lui-même vient à son avance, et lui propose de vouloir bien conduire au temple sa fille bien-aimée. On part; on descend le sentier, alors étroit et rapide, qui mène à la vieille basilique du moutier de Saint-Éparche [2]. Jean de Saint-Val [3], évêque d'Angoulême, à-demi ployé sous le poids de l'âge et des infirmités, attend les époux à l'autel. Mais le roi d'Angleterre s'approche, et lui montrant Isabelle appuyée sur son bras : « Espouse-moy ceste dame, lui dit-il, car je la veu avoir à femme ! » A ces mots, un long murmure se fait entendre sous les voûtes de l'église; les hommes d'armes du roi viennent de cerner le chœur; et l'évêque, interdit, unit Jean-sans-Terre à Isabelle épouvantée, en présence de son fiancé, de Geoffroy de Lusignan, de Robert III d'Alençon et de plusieurs grands seigneurs lignagers qui, selon les expressions naïves de Corlieu, « ne dansèrent point à la feste. » (*Recueil en forme d'hist. etc.*)

[1] Cette façon de parler est contraire à celle du docteur John Lingard, qui prétend que Jean fut seulement *captivé par la beauté d'Isabelle qu'il vit par hasard.* Les sources *françaises* où nous avons puisé semblent indiquer une préméditation qu'on ne trouve pas dans les historiens *anglais.*

[2] Monastère fondé sous les murs d'Angoulême, sur la fin du VIme siècle, par saint Éparche, ermite, dont le nom s'est changé depuis en Saint-Cybard. L'église dont nous venons de parler menaçait ruine dès 1448 ; ravagée par les protestans en 1568, elle est entièrement détruite aujourd'hui. L'auteur de cette Notice possède une copie, de l'an 1640, du précieux cartulaire de cette abbaye, qu'il doit à l'obligeance de M. Corbin, chef d'institution.

[3] Matthieu Paris, et d'autres après lui, font marier Jean et Isabelle à Angoulême, par Élie Ier, archevêque de Bordeaux.

Les historiens ne sont pas d'accord sur cette scène scandaleuse. Les Chroniques de France disent que Jean fut averti que la fiancée était dans un château, d'où il l'enleva. Plusieurs écrivains racontent simplement que le mariage se fit du consentement de son père [1], et par les intrigues du roi de France ; ce qui n'est guère croyable, eu égard aux différends qui en furent le résultat entre Aymar et le roi d'Angleterre. Quelques autres rapportent que cet enlèvement eut lieu à Poitiers, et que le monarque emmena Isabelle à Rouen, ou à Bordeaux, pour l'épouser, et de là en Angleterre. Nous avons préféré suivre ici les chroniques locales et celles de Flandre, dont le récit détaillé nous a paru le plus vraisemblable, mais ayant néanmoins contre lui quelque chose d'un peu trop dramatique.

Toujours est-il que Jean-sans-Terre épousa de suite Isabelle, et la fit couronner à Westminster, le dimanche d'avant la Saint-Denis de l'année 1200. Aymar et le comte de la **Marche** ressentirent vivement cette injure ; et, s'étant réunis aux barons du pays, ils parvinrent à soulever l'Angoumois, la Marche et le Poitou contre l'autorité anglaise, et s'avancèrent jusqu'en Normandie. Personne n'ignore que c'est dans cette longue guerre, dont il ne m'appartient pas de suivre ici les événemens, que le 3 avril 1203, Jean-sans-Terre fit mourir dans la tour de Rouen ou tua de sa propre main son neveu Arthur de Bretagne, fait prisonnier au siège de Mirebeau, en Poitou ; et l'on sait aussi que le 30 du même mois, Philippe-Auguste fit condamner le meurtrier, par la cour des pairs, à la confiscation de ses terres de France.

C'est probablement pendant ces interminables débats,

---

[1] M. le docteur Lingard semble être de cet avis lorsqu'il dit que « l'é-
« clat d'une couronne séduisit le père et la fille. »

devenus personnels entre le roi de France et celui d'Angleterre, qu'il y eut, par l'entremise d'Isabelle, une réconciliation de Jean-sans-Terre avec le comte Aymar, lequel, sans doute, avait fini par préférer l'honneur d'être beau-père d'un roi à celui de tenir sa promesse à Hugues de Lusignan. Le monarque anglais fit alors plusieurs voyages à Angoulême; et, comme le rapportait l'ancienne *Chronique latine et manuscrite des abbés de La Couronne*, il vint voir son beau-père, après la Purification de l'année 1202 : ils visitèrent ensemble cette abbaye, située à une lieue de la ville, et dont la belle église gothique, commencée en 1171, était à peine terminée [1]. Jean était accompagné de Sanche VII, dit le Fort, roi de Navarre ; d'Élie Ier, archevêque de Bordeaux ; des prélats Jean de Saint-Val d'Angoulême et Henri de Saintes, des évêques d'Acqs et de Pampelune, et d'un grand nombre de chevaliers, comtes, vicomtes et barons, suivis d'une foule immense de peuple. L'abbé Robert et les religieux le reçurent en grande solennité à la porte de leur église. Il entra ensuite dans le chapitre, avec le roi de Navarre, pour en admirer les curiosités, assista dans le réfectoire, avec tous les prélats et les seigneurs de sa suite, à un splendide festin; puis, ayant visité les appartemens de l'abbaye, il se rendit le soir même à Angoulême, d'où, peu de jours après, il retourna à Bordeaux. On pourrait penser que ce fut aussi dans ce voyage qu'il se raccommoda avec Hugues de Lusignan, lequel ne dédaigna pas d'accepter, du ravisseur de sa fiancée, le gouvernement de Saintonge.

---

[1] Ce monument, l'un des plus beaux des provinces environnantes, qui avait traversé presque intact la révolution de 93, a été vendu, comme bien national, le 29 septembre 1807, pour une misérable somme d'environ six mille francs. Les acquéreurs l'ont démoli et il ne reste plus aujourd'hui que les ruines de cette riche basilique.

Isabelle ne fut point heureuse avec Jean-sans-Terre. Il est vrai qu'il l'aima pendant quelque temps, qu'il parcourut le royaume d'Angleterre avec elle pour la montrer à ses peuples, qu'il se consolait même assez facilement, dans ses bras, de la perte de ses états; mais, revenu bientôt à ses anciennes habitudes de débauche, il l'abandonna pour se livrer à la licence de ses amours adultères, et à un tel point que la haîne d'une grande partie de ses barons provenait de ce qu'ils avaient à pleurer et à venger l'honneur outragé de leurs filles, de leurs sœurs ou de leurs épouses. Isabelle essaya, dit-on, d'imiter sa conduite, voulant probablement ainsi réprimer les infidélités de son mari; mais lui, punissant cette insulte d'une manière barbare, faisait pendre ses amans aux colonnes de son lit.

Jean-sans-Terre, lâche, prostitué, parjure, homicide, mourut détesté de tous ses sujets, le 19 octobre 1216. Il laissa trois enfans mâles d'Isabelle : Henri III, qui lui succéda; Richard, comte de Cornouailles, depuis empereur; et Edmond, comte de Lancaster. Il eut aussi trois filles du même lit : Jeanne, femme d'Alexandre II, roi d'Écosse; Isabelle, épouse de Frédéric II, empereur; et Éléonore, mariée d'abord à Guillaume Maréchal, et ensuite à Simon de Montfort.

Après la mort de son époux, Isabelle se retira à Angoulême. Le roi son fils, âgé d'environ dix ans, avait informé, par l'organe de son ministre, ses sujets d'Aquitaine du départ de sa mère, et les avait chargés de l'accueillir avec tous les honneurs dus à une reine. En conséquence, les habitans d'Angoulême lui firent, en 1217, une entrée solennelle, et lui présentèrent les clefs de la ville, par les mains d'Élie d'Aurifont, le premier maire dont le souvenir se soit conservé dans leurs annales municipales.

Le vieil Aymar mourut, l'année suivante, regretté des Angoumoisins et des monastères auxquels il avait fait beaucoup de bien. Sa fille le fit inhumer avec pompe dans la chapelle de Saint-Nicolas de La Couronne, bâtie *au-devant*[1] de la grande porte de l'église, aux frais d'Isabelle, et suivant d'autres, aux dépens de son père lui-même : les évêques Guillaume III d'Angoulême, Raymond IV de Périgueux, et Élie de Saintes assistèrent à ses funérailles.

Isabelle, devenue l'unique héritière de l'Angoumois et ayant à peine atteint sa trente-deuxième année, fut recherchée par un grand nombre d'adorateurs; mais de tous les seignenrs qui se présentèrent elle préféra Hugues de Lusignan, Xme du nom, comte de la Marche, et son premier amant, qui l'avait toujours portée dans sa pensée, depuis l'instant où elle lui avait été ravie par le roi d'Angleterre. Ce mariage, d'ailleurs, convenait davantage au caractère fier et hautain de cette princesse, que venait d'enorgueillir sa première alliance; car, décoré de la simple dignité de comte de la Marche, Hugues n'en comptait pas moins dans sa maison des rois de Chypre et de Jérusalem. Toutefois, pour ne déroger en rien à son titre de reine, elle exigea qu'il lui fût toujours donné par son nouveau mari; et quelques historiens lui reprochent même, comme une façon *inusitée et trop superbe*, d'avoir fait *coucher* cette clause sur son contrat. Les noces furent célébrées à Angoulême, quelque temps après[2] la mort d'Aymar, en présence de la plupart des seigneurs de la Marche, du Poitou, de la Guienne et de l'Angoumois; et, par ce mariage, l'antique héritage des Taillefer passa dans la maison des Lusignan (1218).

[1] Ce mot de Corlieu semble indiquer que cette chapelle se trouvait à l'extérieur de l'église.

[2] Et non *avant*, comme le dit l'*Art de vérifier les dates*.

Dans les commencemens de leur union, le comte Hugues et la Comtesse-Reine (*Comitissa-Regina*) s'occupèrent de régler leurs affaires particulières, d'arrêter les différends qu'ils avaient avec leurs vassaux et surtout de bâtir ou d'enrichir les abbayes et les monastères, selon la coutume de ce temps-là. Ils firent terminer le couvent des Cordeliers de Poitiers, commencé, en 1214, par Hugues lui-même et Geoffroy de Lusignan; fondèrent de leurs revenus, en 1230, l'abbaye de Valence, près de Couhé, en Poitou; et comblèrent de biens celle de Noaillé, dans la même province, et celles de La Couronne et de Saint-Cybard, en Angoumois. On connaît une chartre bien singulière, expédiée de Cognac, le jour de la fête de Saint-Jacques de l'an 1240, et par laquelle Hugues et Isabelle déchargent les habitans de la paroisse de Champmilon d'un repas, *de unâ comestione*, que ces pauvres gens étaient tenus de leur donner, une fois par an; et le comte et son épouse échangent ce droit contre une somme de soixante sous de rente, pour éviter aux hommes de Champmilon l'énorme dépense que leur occasionnait la suite nombreuse qui accompagnait les nobles seigneurs à cet étrange festin [1].

Isabelle, qui jusqu'à présent, nous a paru comme une faible et intéressante victime du brutal Jean-sans-Terre,

---

[1] J'ai lu aussi un acte du samedi d'après la Saint-Denis 1250, par lequel Geoffroy de Lusignan, seigneur de Jarnac et de Châteauneuf, cède ces soixante sous de rente à Robert, abbé de Saint-Cybard et à ses successeurs :(*Cartulaire* de cette abbaye.)

Hugues et Isabelle firent faire l'étang de Saint-Michel, près Angoulême, sur lequel ils élevaient des cignes : il est desséché depuis plus d'un siècle.

Je connais et possède même quelques autres chartres de la même époque ; mais les faits sans importance qu'elles renferment ne méritent pas d'être signalés.

va se développer, devant nous, dans toute la force et la plénitude de son caractère ; véritable maîtresse-femme, digne de porter le haubert, hautaine jusqu'à l'insolence, intrigante jusqu'à la révolte, emportée jusqu'à la folie, persévérante jusqu'au crime.

Déjà, en 1226, par l'instigation de cette femme altière, qui ne pouvait abaisser son orgueil devant la mère de saint Louis, Hugues de Lusignan était entré dans le parti des seigneurs ligués contre Blanche de Castille, régente du royaume ; mais cette conspiration, dans laquelle figurèrent tour-à-tour, en première ligne, Savary de Mauléon, Thibaut, comte de Champagne, et Pierre Mauclerc, comte de Bretagne, avorta complètement, et se termina par la soumission que les princes rebelles firent, après trois sommations, dans le château de Vendôme.

Mais voici qu'enfin, après de fréquentes et vaines tentatives, se présente à la fierté d'Isabelle le prétexte d'une révolte, qui doit opposer de nouveau les deux puissances rivales de la France et de l'Angleterre.

Outre les assemblées générales que nos rois convoquaient, tous les ans, pour les affaires publiques, au mois de mars ou de mai, il y en avait encore d'autres, aux principales fêtes de l'année, où les monarques se plaisaient surtout à étaler une pompe digne de la majesté royale. Telle fut la *grant cour*, tenue à Saumur, à l'époque de la Saint-Jean de l'an 1241, que le sire de Joinville, qui y assistait, nous certifie avoir été *la mieux arée qu'il veit onoques ; car à la table le roy mangeoit*, autour de lui *mangeoient* tous les grands vassaux, devant lui son frère le comte d'Artois *servoit du mangier*, et le bon comte Jean de Soissons *tranchoit du coutel*. Le saint roi, d'ordinaire si modeste dans ses habits, voulant toutefois se conformer à la magnificence de la fête « avoit vestu « une cotte de samit ynde (bleu), et seurcot et mantel de « samit vermeil fourré d'hermines, et un chapel de coton « en sa teste qui moult mal li séoit pour ce que il estoit « lors joenne homme. »

Pendant les longues cérémonies, plus gastronomiques que politiques, de cette cour plénière, Louis donna le comté de Poitou à son jeune frère Alphonse. Le monarque s'empressa de le conduire lui-même à Poitiers, dans l'intention de le présenter aux seigneurs du pays. Tous s'empressèrent de reconnaître le nouveau suzerain. Un seul, et c'était le mari d'Isabelle, qui relevait du Poitou par son comté de la Marche, enchaîné sans doute envers sa femme par la promesse d'un refus, fit bien quelques difficultés; mais l'aspect du monarque, et peut-être aussi l'enthousiasme et l'éblouissement occasionnés par l'assemblée *nompareille* de Saumur, où il avait *mangié* à la table du roi, entre le comte Jean de Dreux et le comte Pierre de Bretagne, le firent triompher de ses répugnances et renoncer à ses projets de révolte.

A son retour auprès d'Isabelle, voici ce qu'il entendit : « C'est grant couardise à vous de prester hommaige à un « comte de Poitiers. Ne savez-vous jà que estes fait ès sang « de roys et que avez mené à nopces moy royne d'Angleterre « qui ne veuil mie genouiller devant sa Tolosine [1] ? » (*Chron. Fragm.*) Son mari, déjà faible, inspiré du souffle puissant de la moderne Jézabel, se rend à Lusignan; et là, dans la demeure magique de l'antique Mélusine, entouré des gens de guerre qu'il a ramassés secrétement dans le Poitou, l'Angoumois et la Marche, il lève l'éten-

---

[1] Alphonse avait épousé Jeanne, fille du premier lit de Raymond VII, comte de Toulouse.

dard de la rébellion, donne le signal du départ, et court avec ses troupes cerner, dans la ville de Poitiers, Alphonse et le bon roi qui fut forcé d'y séjourner quinze jours sans oser sortir, n'ayant pour toute garde que la suite peu nombreuse qu'il avait amenée de Saumur. Le jeune monarque, impatienté d'un rôle si contraire à sa bouillante intrépidité, prend un parti que l'on pourrait appeler hasardeux, si l'événement n'était venu le justifier. Confiant jusques dans la bonne foi de ses ennemis, il va trouver lui-même Hugues et la Comtesse-Reine, se montre devant eux comme un maître devant ses vassaux, parvient d'abord à leur imposer par sa contenance; mais, obligé de se radoucir un peu, il finit par conclure un traité dont les chroniqueurs ne nous ont pas transmis la moindre particularité. Le silence de l'histoire, à cet égard, doit moins s'attribuer à la négligence des écrivains qu'à leur respect pour la mémoire du héros, dont ils racontent la vie, et qui probablement, dans cette circonstance, se vit forcé de céder devant les prétentions d'une femme, en se relâchant sur quelques articles importans.

Aussitôt après la conclusion de ce traité clandestin, Louis partit pour Paris, laissant Alphonse en butte aux intrigues de la turbulente comtesse. Celui-ci n'en persista pas moins à exiger de l'époux d'Isabelle l'hommage qu'il lui avait refusé. Il lui envoie donc l'ordre de venir à Poitiers aux fêtes de Noël de la même année; Hugues, toujours suivi de sa femme, se rend à ce commandement, et répond qu'il est prêt à tout. Mais le lendemain, entrant dans le palais où il était attendu, et abordant Alphonse avec insolence, il lui dit que le seul comte du Poitou était Richard de Cornouailles, frère du roi d'Angleterre, et combattant en Terre-Sainte, et que jamais il ne se reconnaîtrait vassal d'un homme qui s'était fait déloyalement

investir des biens d'un croisé absent : « Ne vous doibs nul
« hommaige, ne à vous, ne à tous les fils de Blanche ! »
Il sort, court *bouter le feu* au logis où il avait mis pied à
terre, remonte sur son *cheval de bataille* et traverse la
ville à grand bruit, accompagné d'Isabelle triomphante,
de ses enfans, de ses arbalétriers, et des nombreux chevaliers qu'il avait amenés avec lui, pour insulter le frère
de son roi.

A la nouvelle de cet attentat, Louis convoque un parlement à Paris, pour lui demander conseil sur le châti-
ment que mérite un vassal rebelle à son suzerain ; l'assemblée répond d'une seule voix qu'il est déchu de ses fiefs.
— « Eh bien ! dit-il, voilà, *sur mon nom*, ce qu'a fait
« le comte de la Marche. » Fort de cet assentiment, le roi
rassemble un si grand nombre de fantassins et de cavaliers,
que la terre en était couverte comme de sauterelles, *veluti
locustis operiebatur* (*Guil. Nang.*) ; et c'est alors que se
présente, avec toute sa couleur du moyen-âge, cette suite
de châteaux assiégés et rompus, de grosses tours ruinées
et de villes abattues, malgré leurs deux paires de murail-
les, *duobus paribus murorum* ; longue chaîne de destruc-
tion, qui ne se termine que sur la chaussée de Taillebourg,
par la vaillance de saint Louis [1].

Cependant que faisait la fière Isabelle ? Elle avait informé son fils, le roi d'Angleterre, de la triste position où
se trouvait son mari. Malgré les conseils du parlement

---

[1] Nous avons négligé les détails que Guillaume de Nangis et Matthieu
Paris donnent sur la marche de l'armée de Louis IX : ils appartiennent
plutôt à l'histoire générale de France qu'à une simple notice biographique.

Nous dirons seulement, d'après le premier auteur, que Louis fit prisonnier, à Frontenay, près de Niort, un fils naturel du comte d'Angoulême,
qui non erat legitimo matrimonio natus, et non son fils aîné, comme l'ont
avancé quelques écrivains modernes.

anglais, Henri s'était embarqué à Porstmouth, avec trente tonnes d'argent, provision qui ne pouvait manquer de plaire aux Aquitains. Suivi de la reine son épouse, de son frère Richard revenu de la Croisade, et seulement de trois cents chevaliers, il aborde à Royan, dans l'embouchure de la Gironde. Sa mère, qui l'attendait au port, « lui alla « à l'encontre, le baisa moult doucement et lui dit : Biau « cher fils, vous êtes de bonne nature, qui venez secourir « votre mère et vos frères que les fils de Blanche d'Espa- « gne veulent trop malement défouler et tenir sous pieds.» (*Chron. de France.*)

Malgré les secours du roi d'Angleterre, Hugues n'avait pu résister à la nombreuse armée qui ravageait les terres du Poitou, de la Saintonge et de l'Angoumois[1]. La Comtesse-Reine, toujours dévorée d'orgueil et de vengeance, et désespérée du malheureux succès d'une cause qu'elle regardait comme la sienne propre, dépêche vers le camp du roi des émissaires chargés d'empoisonner le monarque, qu'elle ne pouvait vaincre par les armes. Mais le Dieu qui veillait sur saint Louis ne permit pas l'accomplissement d'un pareil attentat, et la corde fit justice de ces empoisonneurs, saisis au moment où ils jetaient des *pouldres venimeuses ès viandes du roy. (La Mer des Chron.)* et « quand la comtesse sçut que sa mauvaistié estoit descou- « verte, de deuil elle se cuida précipiter et frapper d'un « coustel en sa poitrine, qui ne lui eust osté de la main ; et, « quand elle vit qu'elle ne pouvoit faire sa voulenté, elle « desrompit sa guimple et ses cheveux, et ainsi fut lon-

---

[1] Guillaume de Nangis rapporte que saint Louis vint jusqu'à Matha, *ad Mautas*, où il fit raser une grosse tour. Les historiens ne nous disent pas si l'armée du roi pénétra dans l'Angoumois ; mais très probablement, une partie de ses troupes parcourut l'ouest de cette province.

« guement malade de despit et de desplaisance. » (*Chron. de France.*)

La victoire décisive de Taillebourg vient d'avoir lieu, et elle est immédiatement suivie d'une escarmouche, engagée sous les murs de Saintes, qui se termine à l'avantage de saint Louis par une vive bataille, où *il y a tant d'hommes bléciés*,

> « Les uns ès bras, autres ès testes,
> « Que li veoirs est deshonnestes. »
> *Guill. Guïart.*

Joinville raconte que l'on entendit, après le désastre, pendant la nuit, « un grand descort naistre entre le roy « d'Angleterre et le comte de la Marche, » auquel Henri reprochait de l'avoir envoyé *querre*, et surtout de l'avoir trompé en lui promettant qu'il trouverait *grant aide en France :* « Par la gorge de Dieu ! s'écria le comte avec « un jurement horrible, imputez cela à votre mère, mon « épouse : c'est elle-même qui a tout machiné, à mon « insu ! » (*Matth. Paris.*) [1].

Hugues, n'ayant plus d'autre ressource que de se rendre à la merci de son roi, envoya l'aîné de ses fils solliciter une grâce que le magnanime saint Louis lui accorda, mais à des conditions peut-être un peu rigoureuses, par lesquelles Hugues et Isabelle (*Hugo de Lesignam, comes Marchiæ et Angolismæ, et Ysabellis, D.G. regina Angliæ*) se soumettent avec leur terre *haut et bas* à la volonté du seigneur roi (*nos et terram nostram altè et bassè ipsius domini regis supposuimus voluntati*); et renoncent pour

---

[1] Cette dispute eut lieu à Taillebourg, suivant Matthieu Paris, et à Saintes, selon Joinville.

Henri III, après avoir fait un tour à Pons, à Archiac et à Barbezieux, revint à Saintes, rebroussa aussitôt vers Blaye, où il s'embarqua pour Bordeaux.

toujours, *in perpetuum,* à toutes les places conquises sur leur maison pendant cette funeste guerre. Ces conditions sont énoncées et spécifiées au traité de paix qui se fit, au mois d'août 1242, au camp, près de la ville de Pons, en Saintonge [1].

Deux jours sont employés à régler ces articles. Hugues, qui a promis de se rendre lui-même dans le camp pour les ratifier, arrive, suivi de son épouse Isabelle et de deux autres de ses fils; et là, tous, inondés de larmes, étouffés par les soupirs et les sanglots, et se traînant sur leurs genoux, ils implorent en ces mots la miséricorde du roi : « Déposez votre colère, ô seigneur roi très clément, et « ne vous irritez plus contre nous. O roi très doux, « suspendez votre indignation, et ayez pitié de nous! « Nous connaissons notre faute, ô seigneur! Nous avons « agi envers vous avec injustice et orgueil. Pardonnez- « nous donc notre crime, selon la multitude de vos misé- « ricordes! » [1].

Et il y avait là présent un chevalier nommé Geoffroy de Rancon, seigneur de Taillebourg, qui, ayant à se plaindre d'un outrage que lui avait fait le comte d'Angoulême, avait juré, *sur les saints,* qu'il ne rognerait jamais ses cheveux, à la mode des chevaliers, mais qu'il porterait *grève* (longue chevelure) comme les femmes, *jusques à*

---

[1] On peut voir cette chartre importante, dans l'édition de Joinville, donnée par **Du Cange**, et dans l'ouvrage de dom Edm. **Martenne**, *Veter. script. et monum. collect. tom. I.*

[2] Je traduis ici les paroles latines que Guillaume de Nangis met dans la bouche du comte d'Angoulême, paroles qui ne ressemblent pas mal aux versets du *Miserere.* Les voici : « *Depone, Domine mi rex clementissime, iram tuam, et ne ampliùs contrà me movearis. Desinat, rex dulcissime, jàm indignatio tua, et miserere meí. Cognosco, Domine, culpam meam, quoniàm iniquè et superbè egi adversùm te. Tu mihi secundùm multitudinem miserationis tuæ dimitte iniquitatem.* »

** *

tant que il se verroit vengié ou par lui ou par autrui :
et quand le seigneur Geoffroy vit le malheureux comte et
sa femme et ses enfans, agenouillés devant le roi et lui
criant merci, il se fit apporter des ciseaux, et rogner sa
chevelure en présence du monarque, de la famille sup-
pliante et de toute l'assemblée. (*Joinville.*)

Après une scène si humiliante, l'infortuné comte d'Angoulême est contraint de marcher de suite, avec saint
Louis, contre Raymond, comte de Toulouse; et à son retour, en 1243, il est encore accusé de haute trahison par
un gentilhomme, qui à l'appui de son imputation ne présente d'autre preuve que son épée. Hugues, déjà sur le
déclin de l'âge, accepte le défi. Le jeune Lusignan se jette
aux genoux du roi et demande à combattre pour le vieil-
lard : le comte de Poitiers s'y oppose, disant que l'innocent ne doit pas périr pour le coupable; mais le religieux
monarque tranche la difficulté, en déclarant qu'il veut
bien tenir l'accusé pour innocent.

Tant de secousses morales, jointes sans doute aux re-
mords qui la tourmentaient d'avoir attenté à la vie de
saint Louis, avaient fortement ébranlé les facultés de la
malheureuse Isabelle : sa volonté, naguère assez puissante
pour soulever deux royaumes, s'était affaissée sur elle-
même, et avec la force de son âme s'était affaiblie sa santé;
perpetuâ ægritudine laboravit. (*Rob. Gaguin.*)

La mort termina ses souffrances, à Angoulême, en 1245.
Elle fut inhumée à La Couronne, dans la chapelle de Saint-
Nicolas, à côté d'un de ses fils, nommé Wlgrin, mort en
bas âge, et de son père Aymar. On y voyait encore la sépulture de cette princesse, du temps de Corlieu (1576); et
je ne sais à quelle époque ses restes auront été transportés
à Fontevrault [1], où Bernard de Montfaucon dit que la Com-

---

[1] Voir l'*Appendice*, § I.

tesse-Reine était représentée, sur son tombeau, revêtue d'une tunique d'azur foncé, semée de fleurs jaunes, et d'un manteau blanc, semé de fleurs rouges. (Voir *planche XV*, *fig. 7 des Monum. de la Monar. franç.*, *tome 2*, *pag. 114.*)

Après la mort d'Isabelle, Hugues de Lusignan, son mari, se retira dans ses terres de la Marche, laissant jouir ses enfans des biens de leur mère. Il partit ensuite, avec son fils aîné, pour accompagner saint Louis à la Croisade [1]; mourut, à son retour, vers l'an 1249, et fut enterré à l'abbaye de Valence, qu'il avait fondée en Poitou [2].

[1] On prétend que Hugues s'était déjà croisé en 1218, l'année de son mariage, et qu'il se trouva même au siége de la ville de Damiette, qui fut prise le 5 novembre 1219. (*Art de vérifier les dates.*)

[2] Hugues et Isabelle laissèrent cinq enfans mâles, entre lesquels ils avaient partagé leurs biens par testament, dès l'an 1242: 1° *Hugues* hérita des comtés d'Angoulême, de la Marche et de Lusignan; 2° *Guy*, des terres de Cognac, Merpins et Archiac, en Saintonge; 3° *Geoffroy*, de Jarnac et de Châteauneuf, en Angoumois; 4° *Guillaume*, de Montignac, Bellac, Rancon et Champagnac, dans la Marche; 5° Et *Aymar*, de Couhé et Valence, en Poitou. Lorsque cet Aymar devint évêque en Angleterre, il est probable qu'il céda sa terre de Valence à son frère Guillaume; autrement il nous serait difficile d'expliquer pourquoi plusieurs titres et chroniques donnent à ce dernier le titre *de Valentid*, en opposition avec le testament cité par Corlieu.

Ils laissèrent aussi cinq filles: 1° *Isabelle*, qui épousa, en 1250, Geoffroy de Rancon, seigneur de Taillebourg et plus tard Maurice V de Craon; 2° *Marguerite*, qui ne fut pas religieuse, comme le dit Corlieu, mais seconde femme de Raymond VII, comte de Toulouse et ensuite épouse d'Aimery de Thouars, puis enfin de Geoffroy de Châteaubriand; 3° *Agathe*, mariée au sire Guillaume de Chauvigny; 4° *Alfaïs*, mariée, en 1247, à Jean I, comte de Varennes; 5° Et *Aléarde*, religieuse, qui est sans doute la même que cette *Ælesia*, dont parle Matthieu Paris, et qui passa en Angleterre auprès de son frère utérin, Henri III, avec Guy, Guillaume et Aymar.

Isabelle avait perdu un autre fils en bas âge, nommé Wlgrin: elle a donc été à notre connaissance dix-sept fois mère, ayant eu six enfans de Jean-sans-Terre, et onze de Hugues de Lusignan.

APPENDICE.

—

§ I.

...... *Je ne sais à quelle époque ses restes auront été transportés à Fontevrault, etc*..... (Page 22.)

M. de La Fontenelle de Vaudoré, directeur de la *Revue Anglo-Française*, a eu la bonté, ainsi que je l'en avais prié, d'ajouter à ces mots la note suivante :

« Isabelle d'Angoulême, la *Comtesse-Reine*, fut, peu de
« temps après sa mort, exhumée de l'abbaye de La Cou-
« ronne et portée par son fils, Henri III, roi d'Angleterre,
« qui présida à tous ces détails funèbres, dans la partie de la
« grande église de l'abbaye royale de Fontevrault, appelée
« le *Cimetière des rois*. Elle y fut placée près d'Aliénor d'A-
« quitaine, la mère de son premier époux, Jean-sans-Terre ;
« et le cœur du roi, son fils, qui avait si pieusement trans-
« féré les restes de sa mère dans le lieu de sépulture de la
« noble et royale race des Plantagenet, fut aussi, huit ans
« après sa mort, déposé tout près de la Comtesse-Reine. La
« statue de celle-ci, placée sur son tombeau, existe encore ;
« elle est plus que de grandeur naturelle, en tuf blanc,
« peinte et dorée. Cette princesse porte une couronne sur
« la tête, fixée par une bandelette qui serre et enveloppe
« le menton. Les mains, aujourd'hui brisées, étaient croi-
« sées sur la poitrine et tenaient un bout du manteau royal
« ou du vêtement qui entourait la statue, de manière à ne
« laisser voir que le bout de ses pieds. Une ceinture, de
« trois doigts de largeur, retient la draperie au-dessous des
« reins. Cette statue, donnée par Montfaucon, dessinée aussi

« par Beaumesnil, et indiquée par Bodin, dans ses *Recher-*
« *ches historiques sur l'Anjou,* mériterait d'être soigneuse-
« ment conservée, avec les autres objets anglo-français qui
« existent à Fontevrault. Si des mesures, conformes à l'im-
« portance de ces précieux restes, ne sont pas prises, il est
« à craindre qu'ils ne finissent par disparaître entièrement.
« Or, les statues que nous signalons, celles d'Aliénor et
« d'Élisabeth, ont, pour la nation anglaise, à peu près
« l'importance de la tapisserie de Bayeux. On sent dès lors
« que rien ne doit être omis pour s'opposer, dans l'ancienne
« résidence de Robert d'Arbrissel, à de nouveaux actes de
« vandalisme. » [1].

DE LA FONTENELLE.

En réponse à ces lignes de l'honorable M. de La Fontenelle, je dirai seulement qu'elles ne détruisent point l'as-
sertion du véridique Corlieu, qui, écrivant en 1576, et par-
lant de l'inhumation d'Isabelle à La Couronne, s'exprime
en ces termes : « et encore se voit sa sépulture, etc..... »
(*Recueil en forme d'histoire de ce qui se treuve par escrit de la
ville et des comtes d'Angoulesme;* 1re *édit.,*1576, *Angoulesme,
in-4°, et édit. suiv.*) Il paraît donc certain qu'on laissa sub -
sister au moins à La Couronne le monument d'où les restes
d'Isabelle auraient été enlevés par son fils Henri III, pour
les transporter à Fontevrault. Les exemples de ces transla-
tions et de ces doubles tombeaux sont d'ailleurs assez fré-
quens dans l'histoire des monumens ; et l'on peut voir à ce
sujet, dans la *Revue Anglo-Française, tom.* 3, *pag.* 220, la
savante *Notice* de M. C. N. Allou *sur le tombeau de Jean*

---

[1] Postérieurement à cette note de M. de La Fontenelle, M. Félix Bodin,
homme de lettres et député, vient d'assurer la conservation de ces précieux monumens, en les recommandant à la sollicitude de M. Mérimée, qui
s'est transporté sur les lieux et les a préservés de toute atteinte. C'est
M. Bodin père, auteur des *Essais sur l'Anjou,* qui les avait déjà arrachés
à la barbarie de 93.

Chandos [1]. Du reste, si l'on fouillait avec soin sous les décombres de La Couronne, il est très probable qu'on y découvrirait quelques traces du sépulcre de la Comtesse-Reine, ainsi que de ceux d'Aymar de Taillefer, de son petit-fils Wlgrin, mort en bas âge, et des trois seigneurs de Lusignan, qui se succédèrent sous le nom de Hugues II, III et IV, dans le comté d'Angoulême. Les souvenirs attachés à ces débris du moyen-âge nous paraissent dignes de fixer un jour l'attention de M. Prosper Mérimée, inspecteur-général des monumens historiques.

§ II.

Il existe plusieurs monnaies des Taillefer [2], et des Lusignan : parmi le grand nombre de ces dernières, il en est une, dont on voit la gravure à l'article *Moneta* du *Glossaire* de Du Cange, qui me paraît surtout devoir être attribuée à Hugues I et à Isabelle. Cette pièce d'argent porte d'un côté le nom de saint Louis et de la ville d'Angoulême, autour d'une croix, LODOICVS ENGOL (*Lodoicus Engolismæ*); de l'autre côté, le nom de Hugues, en sa qualité de comte de la Marche, VGO COMES MAR (*Hugo comes Marchiæ*); et au milieu de ces derniers mots, entre deux petits croissans, les

[1] Jean Chandos, connétable d'Aquitaine pour le roi Edouard III d'Angleterre, fut tué à Lussac (Vienne), en 1369. Il faisait, avec le Prince-Noir, une de ses résidences favorites de la ville d'Angoulême ; et c'est à lui qu'elle devait une de ses principales portes, détruite en 1808, mais dont l'emplacement conserve toujours le nom de *Porte-Chandos*.

[2] On a trouvé, en 1834, dans un terrain dépendant anciennement du château d'Angoulême, environ trois cents pièces d'argent de bas aloi, de deux grandeurs, mais du reste parfaitement semblables, sauf quelques légères variétés. Elles ont d'un côté LODOICVS, avec une croix au milieu, et au revers EGOLISSIME, pour *Egolissimæ*, avec quatre anneaux ou espèces de besans percés, placés autour d'une petite croix. D'après une indication de Corlieu, (*pag.* 57, 2ᵐᵉ *édit.*), et contre l'opinion de plusieurs numismates, savans à la vérité, mais peu versés dans notre histoire locale, et particulièrement de MM. Lecointre-Dupont, de Poitiers, et

trois lettres indicatives du nom d'Isabelle ou d'Élisabeth ,
en sa qualité d'héritière du comté d'Angoulême , Eb E
(*Elisabeth Engolismensis*). Le nom du monarque , inscrit
sur cette monnaie et sur celles des Taillefer (*voir la note
ci-dessous*), à des époques où l'Angoumois nous paraît depuis plusieurs siècles entièrement indépendant , ne semble-
rait-il pas indiquer que les rois de France auraient toujours
conservé sur cette province un certain droit de suzeraineté,
dont il ne reste aucune trace historique ? Servitude légère ,
mais pourtant imprescriptible , puisque l'indomptable Isabelle elle-même n'aurait pu s'en affranchir .

En vertu du testament cité dans une des notes précé-
dentes, Hugues et Isabelle léguèrent à leur fils aîné, Hugues
le Brun , le droit de faire battre monnaie dans les comtés
d'Angoulême , de la Marche et de Lusignan.

§ III.

A dater de son second mariage, Isabelle paraît avoir
abandonné l'ancien Palais des Taillefer (*voir p. 8, note 1*),
pour habiter avec son mari le château d'Angoulême , qui
conserva long-temps le nom de *Château-de-la-Reine*,
et devint ainsi la demeure des Lusignan.

Cartier, d'Amboise, qui m'ont écrit quelques lettres à ce sujet, j'ai at-
tribué ces monnaies au comte Guillaume III de Taillefer, qui les faisait
frapper à Angoulême, de 1108 à 1118, avec le nom de Louis-le-Gros, roi
de France. (Voir les *Annales de la Société d'agriculture, arts et commerce
de la Charente,*1834, *tom. XVI, pag.* 201, *avec* 1 *pl.*) Depuis cette époque,
on m'a communiqué deux pièces inédites , aussi en argent, provenant de
la même trouvaille, mais qui n'avaient pas encore été nettoyées lorsque je
publiai mon travail. Elles confirment entièrement mon opinion, en ce
que, d'un côté, elles portent, comme celles que je viens de décrire, le
mot LODOICVS, avec une croix au milieu ; et que de l'autre côté, au lieu
d'*Egolissime ,* elles ont, autour de trois petites croix, le nom même de
Guillaume de Taillefer, VMS STFI (*Villelmus Sector-Ferri.*) D'ailleurs
le type et les caractères de toutes ces monnaies ne peuvent appartenir
qu'à l'époque indiquée.

La grosse tour ronde est la partie la plus anciennne de ce monument : on pourrait la reculer , avec quelques autres bâtimens de peu d'importance , jusque vers le milieu du douzième siècle. Au rez-de-chaussée de cette tour, se trouvait la salle commencée par la veuve de Hugues III, mort en 1282. J'y ai vu quelques traces des armoiries de cette famille. Au second étage , est une autre salle , construite par le comte Jean , aïeul de François Ier, et décorée des armes de la maison d'Orléans-Angoulême et de ses nobles alliances. Les créneaux en accolades de cette vieille tour paraissent être postérieurs à l'époque du comte Jean , quoiqu'à demi-écroulés.

La grande tour polygone, où se voit aujourd'hui le télégraphe, a été bâtie par Hugues IV [1], qui mourut en 1303 : les créneaux sont en ogives.

Le reste du château ne remonte pas au-delà de la fin du quinzième siècle , et la partie de l'ouest est même beaucoup plus moderne.

---

[1] Les seigneurs de Lusignan, désignés, dans cet *Appendice,* sous le nom de Hugues I, II, III et IV d'Angoulême, étaient X, XI, XII et XIII dans l'ordre successif des comtes de la Marche.

www.ingramcontent.com/pod-product-compliance
Lightning Source LLC
LaVergne TN
LVHW012114170726
843501LV00008BC/2867